씨 없는 언어들

씨 없는 언어들

최승옥 시집

연세대학교 출판부

▒ 시집을 내며

내 가슴에는 항상 태양이 있고 별이 있고 달이 떠 있다. 그들은 언제나 내 가슴 속을 떠돌며 시간을 만들고 계절을 만들며 사랑을 완성하려 한다. 그러나 멈추지 않는 그들의 유희는 내가 누구인지 내가 어디에 있는지 잊게 하였고, 하루 종일 낮과 밤이 공존하는 내 가슴 속에는 계절을 잊은 채 비가 내리고 낙엽 지며 눈이 내렸다.

나에게서 시는 내가 살아가는 일상의 그림자이며 일기다. 내가 지나 온 시간의 흔적이 매듭 하나 없이 사라질까 두려워 그동안 일기처럼 써 온 글들을 모아 시집이라는 형상으로 내었다. 이 글들은 내 삶의 그림자였고 나를 지금까지 존재하게 한 이유였다. 그래서 한권의 시집 속에 갇혀버린 내 삶의 흔적인 씨 없는 언어들의 모임이 나에게는 더욱 더 소중한지 모르겠다.

■ 차례

Ⅰ. 서시(序詩)

Ⅱ. 자화상

Ⅲ. 영원한 사랑과 이별, 그리고 그리움

Ⅳ. 삶과 시간과 나로부터의 탈출

Ⅰ. 서시(序詩)

詩를 위하여

봄이면
우리들의 몸짓은
언제나 그랬듯이
비상을 꿈꾸는 애벌레
그리고 탈피

겨우내내
몸 속 깊숙이 움틀 던 상념들이
불쑥불쑥 피부를 가르고
따스한 봄 햇살에 가슴을 베이면
깊은 침묵으로
일상에 채여 버린 육신은
오열하는 신음으로 꿈틀거린다

깊은 산 속 계곡물이 하얗게 녹아내리며
봄이라 조잘일때
우리가
여기 모여 두런거림이
그래도 삶이라 외치려 한다면
이제 우리는 열 갈래 손아귀로

자기 가슴에 깊은 이랑을 내어
파종을 준비하자
우리들의 사랑을 피워 낼
씨 없는 언어를 위하여…

동인(同人)을 부르며

한 걸음도 내다 볼 수 없는 우리는
차라리 뒤돌아 걷지
무너져 내리는 햇빛을 고스란히 정수리로 받으며
진북을 찾지만
섬광이 내비치는 앞을 보기에
우리의 눈은 너무나 투명해
자꾸 눈을 감고 과거를 회상한다

하루를 보내야 하루가 시작되고
한해를 보내야 한해가 시작되는데
봄,
여름,
가을,
그리고 겨울의 사진법은
우리의 영혼에도 조각되어
벌써부터 열손가락 모자라는 옹이가 되었다

하나부터 스무해 가까이
너와 나는

사랑하고
미워하고
모이고
흩어지고
깨어있음 언제나,
꿈엔들 언제나
바로 어제도 그리운데
어릴 적 지켜보던 雉岳은
지금도 한 아름 가슴으로 우리를 품는다
누가 그 가슴을 밀치고 떠났는지
누가 그 가슴을 열어 통곡하는지
아무것도 기억할 수 없는 우리는
길게 드리워진 그림자를 촛점없이 헤집는데
雉岳은 언제나 그 자리에 기대어
언 몸을 녹인다

아!
그늘아래 서성이며 가슴 속 낙엽을 쓸어내
겨울을 준비하던 우리의 同人은
모두 어디에 있기에
올겨울은 이다지도 길게만 느껴지나
지난 가을 머루주는 벌써
핏빛으로 익었는데…

탄생

여기 거친 황무지에
한줌의 공깃돌만큼도 않되는
어린 아이들이 모였다

방사선같이 뻗쳐오르는 갈증에
시원한 소나기가 되기를 바라는
우리의 소망이
저기
아라비아의 모래알보다 많거늘
풀냄새 나는 동심으로
흙을 빚는 마음

부르튼 입술에 넘치는 희열이
잎 지는 가을을 생각할 때쯤
내일의 피라미드를 꿈꾸며
거친 흙을 보듬는 여린 손이
어느덧 한 층의 연륜을 쌓는다

Ⅱ. 자화상

들국화

바로 너였구나
만나는 사람마다 묻던
또 다른 내가

청순한 가을바람을 노래하며
깊고 깊은 하늘을 우러르며
낯설지 않은 바위틈에 내려앉은
한송이 들국화

태어나니 좋았더라
만났더니 좋았더라
사랑이 익어가는 계절에 피어난
곱디고운 네 얼굴

바람이 물었던가 당신은 누구냐고
그때 나는 철없이 외쳤었지
"나는 사람을 사랑하는 사람"이라고

사랑을 기다리는
바위 틈 연보랏빛 들국화여
바로 너였구나

만나는 사람마다 묻던
또 다른 내가

꼭두각시

춤을 춘다 춤을 춘다
뒤뚱뒤뚱 춤을 춘다
신들린 사람마냥 풍랑 속 쪽배마냥
무엇이 괴로운지
무엇이 우스운지
환하게 웃는 얼굴에
찌그러진 작은 이마

덩덩 덩더꿍 덩덩 덩더꿍
소리 없는 흐느낌에 신이 나는 장구소리
하늘이 돈다 내가 돈다
하늘이 돈다 내가 돈다
돌고 도는 세상 속에 나만은 웃겠노라
돌고 고는 세상 속에 나만은 웃겠노라

허리가 꺾여지고 팔다리가 부러지고
쉴 새 없는 장단 속에
너울너울 춤을 춘다
뒤뚱뒤뚱 춤을 춘다
말라가는 기억 속에 달빛도 잊었노라

별빛도 잊었노라
휘감기는 시선 속에 미소 띤 얼굴
꼭두각신 춤을 춘다
뒤뚱뒤뚱 춤을 춘다

생일날의 자화상

바로 오늘이란다
붉은 포도주가 가득한 작은 술잔을 만지며
싸늘한 너의 체온에 눈물을 흘리던 그날이
바로 오늘이란다

술잔에 떠오르는 추억들은
떠오르는 포말같이 희미한데
검은 눈동자 속에 박힌 한잔의 술을
조금씩 비워가며
찰랑이는 기억이 모아진 작은 손아귀에서
따스하게 덥혀지길 기다리는
봄비에 눈물짓는 사람

그대의 눈동자 같은 깊은 술잔에
차디찬 너의 기억을 부어 넣고는
조그만 손아귀로 보듬어 더워지길 기다리는
나는
차라리 깊은 술잔에 빠져버리고는 울부짖는
그런 사람이란다

마지막 한 모금을 들이키며
코끝 찡한 향기만 남겨둔 채 사라지는 네 모습에
다시금 빈 잔을 채우며 눈물짓는
그런 사람이란다

생(生)

나는 무엇을 하는가?
낯선 이곳 작은 여울터에 앉아서
잰 걸음으로 봄을 향해 달려가는
시냇물의 숨소리를 듣는가
얼은 몸 풀어 헤치고
길게 기지개를 펴는 산의 봄소리를 듣는가

지는 잎 살아 돋는 이곳에
죽어가는 마음으로 나와 앉은 멋쩍은 얼굴이
한 꺼풀 한 꺼풀 벗겨져
눈 녹은 산바람에 흩어져 버린다

귀를 기울여 보라
타들어 가는 시간의 흐느낌을 느껴 보라
걸터앉은 바위의 절규를 들어 보라
나는 무엇 하러 왔나?
나는 무엇을 하려고 가려 하는가
어차피 인생은
홀로 선 기억을 찍어내는
나만의 행로인걸

녹아 흐르는 흰 눈이 차라리
나의 육신이라면
한 모금 시원한 샘이 되고
산 속에 흐르는 짙은 생명의 여운이
나의 영혼이었다면
이 세상 모든 사랑을 느낄 수 있으련만
한줄기 계곡의 찬바람에 몸을 움츠린 나는
여기 무엇 하러 왔나
공허한 바람결에 눈물을 흘리누나

우리들의 초상

걸핏하면 울고
툭하면 웃자
우리는 끝없이 젊어가는 어린아이일 뿐이다
풀잎 위 이슬방울만큼도 안 되는
짙은 커피에서 사랑을 느끼고
떨어지는 눈물을 느끼고
기다란 여음도 허락하지 않는
조그만 지하다방에서
우리는 걸핏하면 울고
툭하면 웃는다

작은 찻숟가락 속
삐뚤어진 내 얼굴은
웃는지 우는지 하나 가득 들어 있는데
그래도 저만치 사람들은 우릴 보고 웃고
비틀거리는 음악소리도
우리를 흔들며 춤을 추고 있네

친구

나는 왜 혼자가 되었나?
원래 혼자였던 건 아닌 것 같은데

나는 왜 혼자가 되었나?
그리 많은 사람은 아니었지만
그래도 내 생각엔
친구가 몇 있었던 걸로 기억하는데

나는 왜 혼자가 되었나?
원래 혼자였던 건 아닌 것 같은데

민둥산 메아리가 친구였나봐
텅 빈 들판의 허수아비를 스치는 바람결이
내 친구였나봐

빛의 그리움

햇살이 낮아지고 있소
하루의 뜨거운 햇빛만 있었더라도
신기루를 쫓는 사막 속 여행자의 발걸음을
그렇게까지 소망하지는 않았을게요

동네어귀의 꺼져가는 연탄불에 모여
불빛을 쪼이는 어린 아이들의 여린 손등을 내리 쪼는
무심한 달빛이
차라리 나의 설움이라면
내 입가에는 차가운 미소라도 떠올려졌으련만
때 없이 내리는 초저녁 겨울비는
지상으로 뿌려지는 신들의 견딜 수 없는 구토였기에

나는 이 한 몸 씻어줄 바다로 달려가
보이지 않는 전설의 섬을 꿈꾸며
바다 귀퉁이 또 다른 이어도에서
검게 타버린 빛의 그림자를 찾아
폐포에 파도소리 가득 채우고
아무도 살지 않는 심연으로 추락한다

그림자

아무런 표정도 없이
나와 같이 한평생 흔들리며
까만 그늘로만 살아 온 네가 애처로워
밝은 태양 아래 맨발로 서면
수줍은 네 모습은 발 밑 아래 숨어
자취를 감추고
저녁 노을을 안고 하루살이에 지친 몸을 누이면
나와 같은 마음으로 어깨를 다독이며
등 뒤에서 잠이 드네

오랜 세월동안
변덕스런 발부리에 채여 가며
한마디의 투정도 없이 나의 길을 함께 가니
흐르는 눈물에 너도 젖어 하나가 되네
모진 세월에 검게 타들어간 네 가슴 속에
지난날의 가슴앓이를 다 내려놓고
이제는
내가 너의 그림자로 하나 되어 살아갈지니
너와 같은 속울음으로 가슴을 두드리며
품 안에서 잠이 드네

바다의 노래

허리를 굽혀 가슴을 대보시게나
숨소리를 죽이고
동그란 눈동자를 여리게 닫고
짙어지는 노을을 품어 잠들면
서산에 지는 태양의 고독에 이 몸은 지고
별들이 뜨지

사공의 노젓는 소리에 몸을 적시고
물새알의 순결함을 안은 채 흘러오는
바다의 음률을 듣노라면
죽어서도 산이 되어 맑은 눈물을 쏟고 싶었던
그날의 시름도 잊고
이 몸은 구름 되어 내일의 폭풍을 준비한다

점점 강하게 부딪는 나그네의 여장이
파도소리 속으로 달음박질하고
돌섬의 등대불이 옷깃을 찾아 나설 때면
달빛 먹은 너울은 눈빛을 반짝이며
내게로 달려오는데
나는 두 손에 가득한 모래알의 전설을 삼키고

어제의 가라앉은 옛이야기를 불러내
또 하나의 거울을 완성한다

자 친구여!
고개를 들어 하늘을 보시게나
죽어서도 산이 되어
맑은 눈물을 쏟아 님에게 주리라던
자네의 마음이 저기 있네
간밤의 폭풍우에 씻기운 뜨거운 태양과 바다의 음률
그리고 다시금 일렁이는
자그만 돛배 하나

집행자

내 비록 시간의 흐름을 빙자했다하여
어머니의 자궁으로부터 고통스런 신음소리를 들으며
이 세상에 머리가 처박힌채 파문당해
마냥 슬픈 기억으로 몸을 떨며 살아 온
내 존재의 무게를 달아보고서도
다시금 분화되지 못한 핏덩이가 되기 주저함은
너저분한 세상살이에 맛들린 포만감 때문이 아니라
적어도 내가 눕고 사는 이 땅덩어리에 낮과 밤이 공존하며
고통을 나누고 있기 때문일게요

버려져 자란 육체가 사랑을 빙자하여
타인과 만나 하나로 되기를 원하고
쓸개를 팔아 한 줌 바람을 사서 끈적이는 시대에 아부하는
이 머저리 천국에서
비록 어머니의 포근한 자궁으로부터 파문당한 내가
자신의 제왕이기를 고집하며 자유를 외침이
머리에 아직 피가 마르지 않은 것이 이유였다면
스스로를 파문시켜 다시 한번 거꾸로 추락하는 것이
생존을 위한 단 하나의 길인 것을
왜 죄 없는 이 밤을 찢어내려 하는가

넓은 광장의 한 복판에서 미아가 된 사람마다
못내 서러워 통곡하던 솜씨로
허공에 갈가리 찢어져 내리던 목소리로
아무리 아무리 멀리 외쳐보아도,
품에 안긴 사생아의 목을 조르던 손아귀로
휘감기는 타인의 시선을 아무리 잘라 보아도
태아적 모아 쥐던 삶의 희열은
다시금 찾을 수 없었나니

심장의 얼어붙은 핏덩이를 두레박질하여
태양을 가리고
생에 대한 갈증에 터져버린 피부를 찢어내
이 땅덩어리를 덮어 공간을 희롱함이
나는 내 삶이라 하련다
그리고 내가 누릴 짙은 자유라 하련다

재기(再起)

긴 한숨 지새우고 눈을 들어
황혼 속 힘없는 철새의 날갯짓을 보라
삼년 가뭄 한강물도 그 보다는
더 힘차게 흘렀거늘
자라지도 못하고 늙어버린
젊은 아이의 눈빛은 이다지도 여렸는가
차라리 숲 속 곧은 가지에 목을 매단
가시나무새 만큼의 용기라도 있었으면
지는 해를 바라보며
내일 일을 걱정하지는 않았을 게다

비록 바람 젖은 이들이 서둘러도
너는 그저 걸을지니
가물거리는 고향의 저녁 내음을 떠올리며
계속되는 날갯짓을 펴부어라
지는 황혼 속을 달리는 것만큼 쓸쓸하겠지만
그것을 바라보며 외길 발자국을 꿈꾸는
우리 사랑의 역사는 결코 깊지 않고
생명 또한 길지 않아
네가 태어난 날이며 살아갈 흐름이니

친구여
내게 있어서는 네가 전부였으니
태양이 너를 위해 다시 떠오름을
태백의 산정에서 두 팔 벌려 포옹하라

길 없는 길

시작도 없는 길을 간다
이 길이 끝이 없기를 바라는 마음에
길 아닌 길을 가는 발길
반항 없는 들풀을 밟으며
끝도 없는 길을 맴돈다

차이는 돌부리에 신작로가 그립기도 하지만
무엇인가 그렇게 해보고 싶은 충동이
마냥 너를 걷게 하누나

붉은 해가 떠올라도 나를 찾지 못할 곳을
주저하는 몸짓으로
왜 자꾸 방황하는지

창살 속에 갇힌 눈동자는
자유의 의미를 찾아 헤매이다
무거운 걸음으로 다가오는 어둠에
깨어날 내일의 아픔을 생각하며
말없이 눈물을 흘리누나

방황

오고 가는 태양빛 속 잃어버린 꿈을 좇아
한 아름 주워 놓은 빛바랜 기억과
거미줄에 맺힌 세월의 흔적들은
갈 곳을 모르고 주인을 기다리는데
허름한 나의 그림자는
처량한 달빛이 역겨워 거친 숨을 토한다

뼈마디 쑤시는 기억은
하나하나 불살라지고
허공을 헤집는 나의 손길이
어느 해변의 모래알 속에 추락할 쯤
짠 바다 내음이 내 숨통을 흐를게요

조각난 시선을 이어 붙여
갓 태어나는 동녘 붉은 태양을 찾아 낸
어느 시각
끝없는 갈매기의 외침에 고막이 다시 울고
미친 듯 휘어 도는 나의 발자욱은
또 다시 바다에 침몰하며
토막 난 하루를 지워낼게요

25時의 그림자

검은 대기 속
무심한 언어에 흘러드는 어설픈 미소가
너의 내장을 뒤집어 놓다
그리고 25시 속을 걷는
나의 검은 그림자

충혈된 손가락 마디마디에 맺힌
증오의 사랑이
갈라진 어둠 속에 스며들고
영과 육의 갈림길에
차라리 돌아선 나의 혈류가
다시금 심장에 스밀 땐
내 몸은 죽어지고
내 마음은 재가 되리다

썩어 버린 너의 육신에
말라버린 너의 사랑에
미소 짓는 정체는
25시 속을 걷는
나의 검은 그림자

섬소년

푸른 파도가 하얀 구름이 되어
외로운 갈매기와 날아간다

한 발을 디디면
끝없이 빠져들 것만 같은 맑은 물속에서
너는 무엇을 찾았니?

낮은 파도 소리가
온 돌섬을 감쌀 때면
뭍으로 간 그 아이 숨결이
너의 가슴에 스며든다지?

소년아
조그만 가슴에 그윽한 사랑이
저기 수평선 푸른 파도와 같거들랑
잔잔한 너의 숨소리가
저기 구름 속에 맺힌 바람소리와 같거들랑
너의 투명한 눈빛을 파도에 실어보렴
하얀 조가비
고동을 불어보렴

가을에 사는 사람

낙엽의 흩날림으로 달려 온
가을의 가쁜 숨소리를 들으며
백지에 공허한 과거를 메워
새로운 영상을 빚어내는 순수한 마음
상기되어 모든 것을 체념한 듯 뿌려 내리는
가을 표정을 바라보면
점점 식어가는 바람결이
나의 옷깃을 여민다

가을밤
마음 속 깊은 곳에
희미한 흔적으로 남은
둔탁한 일상의 가을 이야기는
창문을 두드리는 고독한 바람같이
빈손으로 돌아가는데

한군데로 낙엽을 모아
천천히 소생되길 기다리는 나는
가을에 사는 사람
이별의 목마를 타고 가버린 시절을

자꾸만 잊어가면서
나의 마음은
홍청이는 조그만 축제를 위해
가을의 연정을 모두어
조그만 모닥불을 피운다

장마

국수기계가 토해 내는 면발같은 비가
하루 종일 대문을 두드리던 날
나는 한 녀석을 만났다
거무티티한 입술에 하얀 담배는
나의 시각을 무척이나 피곤하게 하고
어제 본 연극 속의 미친 여인처럼
흐트러진 머리칼과 온 몸에 엉겨 붙은 씁쓰레한 웃음은
소름마저 끼치게 한다

습한 공기에 자욱한 담배연기와
좁다란 테이블에 쌓인 부러진 성냥개비 속
꺾여진 인간가치
그리고
재떨이에 쑤셔 박힌 담배꽁초와
시야에 흐믈거리는 나의 시체

나는
좁다란 지하다방을 나와 빗속으로 내달아
굵은 빗방울에 가슴을 부딪치며 한줄기 비가 되려
무지개를 품에 안고
까만 먹구름이 되었다

Ⅲ. 영원한 사랑과 이별, 그리고 그리움

사랑을 위하여

파란 하늘이 슬퍼지는
이 가을에
가슴 속을 맴도는 낙엽 내음 찬 바람은
발아래 뒹구는 마른 잎사귀만큼 가벼이
나를 떠나가려나

오랜 세월,
타인의 시선에 나를 묶어 두고,
가둬 두고
손가락 사이로 흘려버린 희미한 사랑을 기억하며
소리없이 외침은
내 안에 사랑은 없었다고
아니 가을바람이 가져갔다고…

그래도
텅 빈 가슴 속
말없이 스며드는 차가운 겨울에 눈물짓기에는
아직 내 안의 온기가 남아
마지막 숨결로 발아래 낙엽을 불사르면
내 님은 이 겨울 따듯하겠지

긴 세월이 지나도
당신이 소중한 사람은
하얀 눈에 선명한 그대 발자욱 아래서 그리움에 사무치며
낙엽될 새싹 하나 품고 있겠지
새로이 다가 올 당신의 겨울을 위하여,
아스라이 타다 재가 될
잊혀질 사랑을 위하여…

겨울 개나리

사람냄새에 찌든 일상의 무게를 발등에 달고
어떤 기억도 없이 무심코 지나치던
병원 옆 퇴근길 축대 위에
의식 없는 환자의 사지모양 길게 늘어진
개나리 줄기에
노란 꽃들이 추위에 떨며 모여 있네

잠시 내린 따스한 겨울 햇살에
철없이 피어 난 꽃들은
차마 꽃잎도 접지 못한 채
시샘하듯 내리는 차가운 흰 눈을
온 몸으로 견디며
아직도 먼 봄을 기다리는데

가슴을 파고드는 겨울바람에 옷깃을 여미고
긴 그림자를 거리에 흘리며
지나간 그리움을 묻어 둘 어둠을 찾는 나는
햇볕 한 조각에 언 몸을 기대어
돌아 올 님을 기다리는 그의 사랑에
새하얀 입김으로 한줌 미소를 보낸다

해와 달

그들은 항상 다른 듯 같은 듯
거울에 마주 선 하루인양
뜨거움으로 내달리다
늘 그렇게
우리 가슴에 붉음으로 남는다

바다에서 태어나 한없이 창공을 날아
잠든 이들을 깨워 광장으로 내몰고는
그들의 그림자를 시계 초침으로 돌리며
잃어버린 또 다른 자신을 찾아
지평선 너머 바다를 헤매지만
님은
그것을 아는지 모르는지
당신의 사랑으로 어둠을 비춘다

뒤돌아서 걸으며 흘리는 눈물에 잠겨
몸을 누이면
너는 그 사랑으로 배시시 일어나
검은 하늘을 돌며
어둠 속 사랑을 찾는다

꿈속의 사랑

힘없이 풀어 헤쳐진 아스팔트 도로는
내 운명인양 검게 그을린 채
뜨겁게 달구어진 7월의 햇살에 온 몸을 데이며
한줄기 소나기도 단숨에 날리고
무엇에 갈증 하는지
거친 숨을 토한다

발길에 차이는 먼 길을 서성이다
뒤돌아보기조차 힘겨운 광장 한 구석에서
낮은 모습으로 비수 같은 태양빛에 몸을 기대어 신음하며
당신을 부르다 지치면
멀어져 가는 당신의 그림자로 마음을 적시며
내일의 사랑을 꿈꾸지만
허공에 흩어지는 당신의 눈빛은
작은 속삭임으로
녹음 짙은 숲을 내닫는다

하얀 침묵조차 녹여버린 어둠은
멀리서 슬픈 만남의 기억을 달래는 산 울음에
길을 비켜주고

스러지는 내 발자욱 소리는 긴 여운으로 메아리 되어
밤새 당신을 찾지만
이미 달빛에 스민 당신은
나를 안고
잠든 숲을 적신다

겨울나무

찬 바람에 몸을 털고
이제는 가려무나
한여름 부려 본 조그만 사치에 엉클어진 몸을
허물 벗듯 기꺼이 털어내고
그냥 빈 몸으로 가려무나

네 어깨위에 내려앉은 흰 눈만큼
소담스런 기억을 흩날리며
하얗게 지워진 네 흔적에
눈시울 붉어진 사랑하나 떨구고
고개 숙여 외로이
바람 따라 가려무나

꽁꽁 언 땅이 네 발목을 모질게 잡아도
저만치 느껴지는 봄바람에
살 틔우며 키워 낼 애틋함을 간직하고
세월이 너를 안고 흐르듯
서성이는 네 그림자를 벗 삼아
들판에 이는 잿빛 노을 속으로
그렇게 홀로 가려무나

연리지(連理枝)

태어 난 삶이 달라 아닌 듯 살다가
아픈 상처를 이겨내며
사랑으로 하나 됨에
토라지면 돌아 설 자리도 없어
바람 불면 서로를 흔들며
아픔을 같이 하네

애절한 사랑으로 생채기 하나 없이
서로를 받아내며 마음을 열어 두지만
맞닿은 가슴으로
발밑에 시린 작은 슬픔까지도 스며드니
그것은 사랑이 아니어라

열 손가락 손끝이 닿을 듯 바라보며 사노라면
깊어지는 그리움으로
둘이서 한 몸인 듯
숲이 되어 살아갈 텐데
정말 모진 사랑으로 서로를 엮어내며
전해지는 아픔도 사랑인양
한 세상 살려하네

용서

서로 비슷한 마음의 무게로 한 시절 지냈으면
저만치 앞을 보며
남겨지는 발자욱은 세월에 맡겨 두고
그냥 걷자꾸나

뒤돌아 걷자니 비틀거린 흔적이 슬퍼서
나를 용서 못하고
되돌아서도 같은 길을 갈 수 없음에
너를 용서 못하는데
아직도 제자리에 서서
뜨거운 눈물로 발아래 언 땅을 녹임은
한 조각 미움까지 사랑한 나를 용서하고
그 자리에서 잠들기 위해서인가

햇살이 풀리는 이월이면
겨우내 눈물로 촉촉이 젖은 대지는
그런 사랑이 있음을 잊어버리고
아직도 발자국 선명한 그때의 흔적을 바람에 쓸어내며
한 아름 꽃피는 봄을 준비하는데
당신도 그렇게

따스한 봄빛으로 모두를 용서하며
그리움에 미어지는 가슴을 털어내
손에 쥔 홀씨 하나로
새로운 파종을 꿈꾸겠지

설레이는 가슴을 파고드는 가슴아린 꽃샘추위는
지난 겨울 두고 온 잊혀진 사랑을 기억나게 하여도
나는 차라리
하나 남긴 홀씨가 살아 숨쉬게
내가 젖고 네가 젖도록
당신의 가슴 속에 소리 없는 봄비를 기도할거야
아스라이 뒤돌아 걷던 모습도 용서하고
그 겨울 흘러내린 한 방울 눈물까지도 사랑하기에…

해와 달 그리고 그들의 사랑

나는
밤하늘의 별빛을 발라
어둠 속에 숨으면
또 하나의 별이 되어
그대의 가슴 속에 남고

나는
호수 속의 달빛을 지고
눈동자 속에 숨으면
또 하나의 달이 되어
그대의 사랑 속에 남으리

나는
그리움으로 먼 하늘을 바라보다
별이 되고
달이 되어
당신을 맴돌다
지친 사랑으로 녹아 내려
별빛으로
달빛으로

당신의 가슴을 적시우면

잠들은 기억들은 배시시 일어나
밤하늘을 가르는 유성이 되어
우리를 이어주는 다리가 되리니
까만 밤하늘 속에서
우리의 잊혀진 사랑은 깨어 나
별이 되고
달이 되어
마주보며 바라는 애틋한 눈망울처럼
다시 저 하늘에 태어나 서로를 비춰주며
영원히 그 자리에 떠 있으리라

인생

우리네는 산다는 것
아니 살아간다는 것을 삶이라 하지요

또 안다는 것
아니 알아 간다는 것을 우리는
앎이라 한답니다

누구는 사랑이란 두글자를
꾹꾹
가슴에 눌러 담으면
그게 삶이란 글자가 된다고 합니다

그래서 사람들은
사랑이란 것이 자기의 삶이라고들 합니다
사랑하며 가슴앓이로 살아가는 것이,
생을 깨치고 하나하나 알아가는 것이
인생이라 여깁니다

삶과 앎과 사랑은
서로의 아픔을 가슴 속 깊이 감추고
한자리에 모여 앉아

거친 손 나눠 잡고 우리 모두 하나라 다짐하고는
세월의 흐름 따라 고즈넉이 잔주름 세어 가며
하나 아닌 발자욱 소리로 가지 않던 길을
그리 같이 걸어간답니다
흔들리는 세줄 발자욱을 가지런히 남기며
그리 같이 흘러간답니다

어떤 이별

어스름한 초저녁 노을 속
수줍게 만난 해와 달은
너인 듯 나인 듯
시소처럼 어긋나는 간절함으로
너는 검은 하늘에 그리움으로 빛나고
나는 애달픔으로 당신과 멀어져 땅속 깊이 잠들며
당신을 바라본다

지금은 오월의 하얀 밤이다
저 만치
봄바람에 몸을 실어 유혹하던 아카시아 향기는
이슬로 맺혀 떨리는 가슴으로 새벽을 기다리고
달빛에 기대선 라일락 향기는
가로등 불빛에 흔들리며 시야를 가리는데
네가 있는 그곳으로 비추어진 내 눈동자의 달빛은
외로움으로 파랗게 멍든 하늘에 부딪히며
산산이 부서져 내려
기도하는 내 손끝에 눈물로 맺히니
그것은 진정 사랑이어라

손꼽아 지새운 긴 밤을 소맷자락에 매단 채
이슬 젖은 몸을 털어 내며
사무치는 그리움으로 당신을 찾노라면
당신은 내 손끝보다 먼 여명 밖으로 몸을 감추고
여린 달무리로 남아 아쉬운 듯 바다를 건너는데
그렇게 서로 돌아서 걷노라면
그것은 이별 아닌 다가서는 만남일 것을
나는 너를 위해 어둠을 짊어지고 발자욱 꼭꼭 눌러 새기며
서쪽으로
서쪽으로 걷는다
땀내음 나는 심장 박동이 붉게 타버리고
등 뒤의 어둠이 하얗게 바랠 때까지…

재회의식

이제는 때가 되지 않았겠는가?
엉거주춤 멈추어 선 겨울을 재촉해
또 한 번 다짐해 본다

친구여
우리의 가슴은 너무 깊었다
멀어져 가는 서로의 체온을
흐릿한 시선으로만 찾지 말고
잠자는 미래의 희망을 거세게 회오리 쳐
현재를 달음질치자

하나를 기다리던 의식이 뿔뿔이 흩어져
타인의 정수리를 내리 친 외도는
하나를 위한 또 다른 하나였음에

친구여
겨울이 가고 있다
흰 눈 속에 꼽게 뻗은 타인의 발자욱들이
인생의 행로는 아니라는 넋두리는
어제와 오늘을 이어 온 객기였지만

그래도 이만큼은 내가 존재하고 있단다

굳게 선 내 발밑에서는
봄들이 불쑥불쑥 튀어나오는데
이제는 때가 되었으니
너를 향해 힘차게 내민 가슴은
"Heart rate 150"

탈출

한강변 개흙까지 들떠버린 도시의 옥상 위로
커다란 풍선이 붉은 구호로 매여 있다
터질 듯한 욕망을 참아 쥐고
가을녘 구름만큼 가벼운 동그란 몸뚱이를
가슴 저린 기억으로 되살리며
단풍에 절어버린 대기들을 게걸스럽게 호흡하는
나는
찢어진 가슴을 여전히
"속박은 자유"라 이름하겠소

구석진 뒷골목에 버려져 있는 연탄재같이
어느 지하다방의 미아가 되어 버린
나의 고집스런 영혼을 찾아들고
거친 태양 속으로 내달은 오기는
따스한 어미 품속을 탈출한 용기만큼 가상했지만
핏발 선 눈동자가 튀어 나오도록 울부짖었던
사랑에의 자유선언은
한낱 복바치는 설움이었을 뿐
거친 숨 몰아쉬던 그늘 아래는
여전히 그녀의 작은 제국이었다

나는 아직 살아 있다
아찔한 유혹의 충돌질 속에 팽창하는
나의 동공을 굳게 닫고
하얀 햇빛 속을 또박 또박 밟아나가는
바보들의 칼같은 의지!
고동치는 심장으로 들어가자
모든 것이 불살라지려무나
몇 알갱이 티끌이 되어 눈귀 없는 바람결에 먹혀져도
나는 아직 살아 있다고 외치련다
끝없이 푸른 창공으로 올라가련다
가슴에는 붉은 구호
"너는 내꺼다"

타락

가슴을 활짝 열고
메마른 심장에
아침이슬을 잔뜩 뿌려보자

힘없이 내리는 비라도
나의 머리칼을
깊숙이 적셔보자

모두가 채 내리듯
나를 지나가면 어떠리
그림자 하나 없이 사라진들 어떠하리

이 세상에 한껏 널려 있는 사랑을
옴팍 뒤집어 써보자
그러면
입술이 갈라지는 불면의 갈증을
씻을 수는 있겠지…

二月에

다정한 평행선의 여로가 걸음 걸음 다가가면
얼굴이 맞다을까
손이라도 잡아 볼까
움트는 二月에 마주 선
너와 나

다시 온 계절의 언저리가
시작인지 끝인지,
발자욱마다 일던 바람이
만남인지 헤어짐인지 차마 몰랐더니
지는 겨울 위에
나 홀로 섰구나

흩날리는 눈발에 붙들린 사랑이
매서운 강바람에 흔들리며
처마 끝 고드름처럼 내 마음에 매달이면
나는 하나 둘 모아
양지 바른 창가에 주렁주렁 걸어둘테다
내게 달려 올
님의 목마름을 위하여…

변명

처음엔 몰랐다
낯익은 이방인 줄로만 알았다
목련이 피고 장미가 질 때도
나는 네가 누구인줄 몰랐다
두 손을 맞잡고 희미한 가로등 아래를 걸어도
우산 속에 하얀 입김을 채우며 빗속을 걸어도
나에게서 네가 무엇인지를 몰랐다
단지 너의 맑은 두 눈동자가 좋아서
단지 너의 붉은 입술이 좋아서
네가 그리 사랑스러웠나보다
내가 그리 좋았나보다

처음엔 몰랐다
더없는 친구인줄로만 알았다
들국화가 피고 단풍이 물들어갈때도
네가 나에게 그리움일줄 몰랐다
주저하는 발길을 모른 채하며
마른 낙엽이 자욱하게 깔린 황토 길을 걸으며
산사에서 흘러나오는 풍경소리를 넋 없이 바라볼 때도
나에게서 네가 기다림인 줄은 몰랐다

돌아서면 손에 잡힐 짧은 세월이 흘러서도
긴긴 겨울밤의 한숨소리를 듣던 내 모습이
왜 그리 초라했는지
텅 빈 창가에 앉아
정적 속에 말라 가는 하얀 달빛을 바라보는
내 눈동자가 왜 그리 슬펐는지
이제는 알 것만 같다

마지막 눈

좁다란 가슴 속에 함박눈이 내린다
올겨울
수없이 많은 날 내린 눈도
이렇게 기쁘지 않았거늘
다정한 발자욱은
네 줄의 끝없는 평행선을 이루며
이 도시를 떠나가고…

나즈막한 언덕의 빈 공터에 멈추어 선
두 줄기 가쁜 숨소리는
꿈 먹은 약속의 날개를 차고 올라
머나먼 행복의 보금자리로 비상한다

야-하!
빨간 입술사이로 흐르는 너의 미소가
내 마음을 덥히고
검은 눈동자 속에 스며든 그리움들이
새하얀 눈이 되어 너의 가슴에 내리면
다가올 3월에는
손끝 시린 파란 시내가 될 거다

비탈진 돌계단을 토닥이며 내려오노라면
흰 눈에 씻긴 별무리들이 소곤댈게다
우리도 저들같이
하나 되어 흐르자고

원(願)

눈이 시리도록 찬 푸른 하늘이
방울방울 녹아 흘러
이른 봄 깊은 산 속 옹달샘을 이루어도
당신의 미소는 자지러진 꽃잎 속에서
영롱한 봄빛을 한번도 받지 않았소

곧 올 봄날이면
따스한 봄바람에 너울너울 춤을 출
너와 나의 바램이
한줄기 빛이려니
한 조각 꿈이려니
우윳빛 가슴에 닿는 나의 가녀린 손길은
겨울 빛을 털어낸 또 다른 계절을
손꼽아 기다리니

뭇사람의 시선이 닿지 않는
어느 아스라한 우리만의 오솔길에 살포시 피어난
당신의 진실을 깔아주오
당신의 사랑을 뿌려주오
그러면
내 또한 그 길을 걸으리다

이별

자그마한 눈망울에
그윽한 사랑이
한줄기 한줄기 말라져 간다면
내 당신을 잊을 수 있으리다

빛바랜 미소 속에
가득한 그리움이
흘러가는 세월만큼 아롱져 흐를 때는
내 또한 당신을 잊을 수 잊으리다

그리고 먼 훗날
바람 속 密語같이
당신의 기억이 사라져 간다면
슬픔 속에 또한
당신을 잊어야 겠지요

잊혀질 사랑

나는 잊으련다
엉성한 거미줄 같은 막다른 기억도
벌레먹은 잎새같은 사랑도
나는 잊어버리련다

꿈꾸다 갓 깨어난 눈동자에 가득한 눈물은
너의 분신
나의 現身
가느다란 바람마저
너와 나의 볼 사이로 스며들며 조롱한다
사랑은 배신,
배신은 성장이라고

너의 짙은 그림자로 얼굴을 덮어 쓴
어느 가면무도회
아! 나는 잊으련다
자욱한 안개 속
차디 찬 얼굴 위에 맺혀 흐르던
한줄기 뜨거운 눈물을…

사랑이란

걷는다
붉게 충혈된 길을
거친 바람이 불어
육신에 걸쳐진 마지막 실 한올이 닳아져도
나는 가련다

너의 바램이
나의 바램이려니
서로가 떠나고 싶은 자유로
걷고
또 걷는다

이대로
하얗게 빛바랜 옛 시간 속을 걷다가
허공에 그대를 부르며
나의 피가
이 길에 분사되도
나는 가련다
사랑할 자유로

봄비

눈에 불을 켠 차량의 행렬이
도로에 누우려는 빗줄기를 뿌리치며
어둠 속으로 샌다

마른 대지를 적시는
봄비를 피해
이리저리 헤매는 나는
시간에 갇힌 철새
그러나 과거의 사랑이
지금의 아픔과 같지 않음에
계절을 탓하기에는 너무나 어린데....

힘없이 내리는 빗줄기에
짙은 해방감을 느낀 열등의식
이제는 나를 사랑하리라
나를 깨우는 봄비를 사랑하리라

봄비를 사랑하리니
피어날 꽃들을 사랑하리라

해바라기

별을 보다 해바라기
달을 보다 해바라기
해를 보다 해바라기

꿈을 찾다 해바라기
님를 찾다 해바라기

그리움에 해바라기
사랑 속에 해바라기

기다리는 해바라기
님바라는 님바라기

빛과 그림자

길게 흩어진 너의 모습 애처로워
부여잡은 가는 손목으로
해 뜨는 바닷가로 달려가는 마음

짙은 빛이 그리워 태어 난
너의 희미한 그림자는
오늘도 함초로히 밝아지는 불티에
잔잔히 흔들리누나

친구야 걸어보자
여명이 싹트는 하얀 모래밭을
나는 빛
너는 그림자

그 누가 빛이 있으라 하니 어둠이 있었고
빛나는 어둠은 별들을 태우며
하루를 잠재우는데

친구야 바라보자
재도 없는 빛이기에
흐르는 눈물 속 젖어드는 황혼을

단풍 그리고 초설(初雪)

시월을 우러름에 붉어진 나뭇잎이
그늘진 계곡에 알몸을 내던지곤
가느다란 신음으로 떨며
바람을 품어 안고 비행한다

차가운 계곡은 싫어
태양빛이 그리운 계절은 싫어
바람아 불어라
푸석이는 이 한 몸 피안으로 안내하렴

사랑에 불타버린 이 몸은
정말 어이하라고
때 이른 시월에 흰 눈마저 내리는가

갈매기의 노래

황금빛 모래알 속에
당신은 내게 꿈을 준
최초의 벗이었습니다

먼 옛날
언제였던가
우린 소슬히 내려앉은 침묵이 두려워
갈라진 모래 틈으로 호흡하며
해맑은 눈동자로 내일을 빌던
외로운 갈매기였습니다

닳아진 손끝에 눈물이 얼룩지고
흩어진 모래알의 노래가 슬퍼져도
당신은 내게 꿈을 준
최초의 벗이었습니다

아득한 날
당신이 영영 여길 떠난다 해도
나는 말하렵니다
옛날에 진실한 벗이 하나 있었다고

여름에

수많은 네 언어의 파편에 곪아 버린 나의 모든 것이
삼복더위의 질척이는 아스팔트 위에 누워
태양빛을 한아름 가득 안는다

오만가지 서러움이 가득한 눈물이
찌는 듯한 대기 속으로 증발해
다시금 나의 눈물샘이 되니
머나 먼 미래의 슬픔은 어찌하라고
이다지도 쏟아지는가

모든 인생이 설움이라면 차라리 슬프지 않으련만
간간이 파고드는 너의 마디 없는 미소에
나의 실없는 웃음은
순간에서 순간으로 할딱인다

자그만 육체의 방황하는 눈빛은
검게 그을린 욕망의 미지스런 용솟음을
길 위에 쏘아대며
이글거리는 태양 속으로 내달았다
나는 하나의 불꽃이 되었다

철새

외로운 대지에 목마름을 탄식하며
바람 따라 깃을 치는
새 한 마리
기다림에 지쳐 흰 눈마저 쌓인
겨울나무가지 끝 빈 둥지에
시린 발 모아 쥐고 주저앉아
찬바람에 씻겨간 빈 하늘을 바라보네

황금벌판을 가르며 울어 예던
그 어느 가을 날
하늘 끝으로만 끝으로만 날아가
허허한 공간 속에 예가 좋아 머물러
홀로 된 슬픔으로
먼발치로 떠나버린 사랑을 부르는데
지나가는 차가운 바람들은
봄을 기다리라 합니다

언젠가는
저를 다시 찾아오리란 하얀 꿈들이
겨울 햇살에 내몰린 아침 안개와 같이 사라져

얼어붙은 강나루의 빈 돛대에
다 떨어져 버린 깃을 치며 남향을 우러르던
어린 새 한 마리
말라져 버려 흰 눈마저 쌓인
겨울나무가지 끝 보금자리로
해를 품어 날았습니다

그리움

황혼이 물들고
솔향기 젖어들때
내 맘에 사무쳐진
한 떨기 그리움이여

허공을 저으며
두고 간 손짓 언저리엔
오늘도 황혼이 물들고

수양버들 물에 차 휘늘고
강남제빈 날아 와 공간을 가르는데
솔향기 젖어들며 오시겠다던 님이여

별은 총총 떠 까만 밤을 밝히고
기다리는 넋은 흐르는 세월에 실리니
지침의 망각 속에 오실 그대여
달 같은 사람이여

생각(思)

근본적인 것은 아무 것도 없다
나를 돌아보는 생각은
그저 끝없는 무의미
증류수 속을 달리는 물고기만큼 심심한
감각 없는 몸짓이다

아무리 생각해도
기억나지 않는 표정들은
빛이 닿지 않는 가슴 속 깊이 묻어 둔
흐릿한 사랑인데
투명한 기억들은 가슴 속을 배회하며
과거를 회상한다

그래
근본적인 것은 아무 것도 없다
텅 빈 머릿속을 유영하는 그리움조차
그저 끝없는 무의미로의 손짓인걸

원주가는 길

구름 낀 푸른 하늘이 날카로이 조각 나 흩어져
맨발의 인생마저 거부하고
발가벗은 강물은 은빛 자태를 반짝이며
저 멀리서 내게로 달려오는데
낯선 곳에서 아무도 모르게 비워 낸
텅 빈 가슴을 부둥켜안고 오열하며
관 같은 버스 안에서 가느다란 실눈으로
차창 밖 덜컹이는 세상을 바라본다

여전한 굉음 속에 마비된 나의 청각과
고독 속에 굳어 버린 너의 목소리는
뜨거운 태양 속의 새로 난 고속도로 위에서
표정 없이 지나치는데

갈라진 하늘 틈 사이로
거칠게 새어 나오는 한줄기 바람과
도로 위 원주행 고속버스
그리고 자지러진 너의 눈동자 속
식어 버린 한시울 눈물
아! 그것은 나만의 가슴 아린 사랑이어라

꽃과 바람

밤이슬에 아롱진
고운 맘, 그대 꿈
살며시 고개 들어
여린 몸 말리면
훈훈한 내 입김에 흩어지려나

나비같은 걸음으로 다가서는 마음은
그대 향한 정인데
망설임에 머뭇이니
그대 향기 내 몸을 맴돌아
아련히 감싸주려나

지침의 연모 속에 돌아가려니
밤이슬에 아롱진
그대 꿈 떨어지려나

낙엽의 노래

사랑내음 짙어지는 시월의 한가운데에서
차가운 계절을 알리는 바람의 손길을
마른 가슴으로 받아내며
하루가 지나가는 작은 흔들림에도
몸을 떠는 그들은

초라한 가을빛에 기대어 서서
겨울로 몸을 실어 떠나 줄
거친 숨소리를 기다리며
지난 여름의 마지막 기억조차도 털어 내는데
얇은 가슴 속에 물들은 그리움은
지우지도 못한 채
붉은 생채기로 남았네

떠나 간 시간들을 가슴에 묻은 채
하얗게 내린 흰 눈 속에서도 얼굴을 붉히며
가버린 사랑을 기억하네

가을비

늦가을에 내리는 차가운 빗방울은
냉정인지 열정인지
알 수가 없네

아직도 들뜬 마음에
이리 저리 뒹구는 낙엽을 대지 위에 잠재우고
발끝에 차이는 방황의 미련도 털어내지만

메마른 가지 끝의 빛바랜 단풍잎에 혈색이 돌게 하고
가을바람에 흔들리는 커피향도 짙어지게 하며
가슴 속에 묻어 둔 그리움조차 흔들어 깨워
너를 찾게 하는데

자욱한 산안개를 비집고 어깨 위로 내려 앉아
四季로의 긴 여정을 풀어놓고는
내 손을 잡아 발길을 재촉하는
가을비의 소리 없는 함성은
사랑인지 미움인지
알 수가 없네

사랑찾기

까만 어둠이 무리져 내리고
골목에 늘어 선 주점들은
향기 없는 짙은 화장으로 하나 둘씩 모습을 드러낼 때
목마른 행인은 손때 묻은 문들을 두드리며
지나간 시간들을 풀어 놓고 넋두리를 시작하네

새벽부터 주워 모은 하루의 이야기를
차가운 술 한잔과 바꿔가며
갈증을 풀어내고 배어나는 슬픔을 닦아내지만
말없이 앉아있는 그녀는 모든 것을 아는지
진주빛 미소로 내 손을 안아주네

모자란 이야기는 마른 눈물로 과거를 얘기하며
거품뿐인 술잔을 비워가지만
잔잔히 흔들리는 그녀의 가슴에서
손끝으로 전해오는 옛사랑의 잔영들은
내 영혼을 흡수하며 가슴을 채워가는데
목마른 사랑은 이별 찾아 떠난 채
여전히 돌아올 줄 모르네

Ⅳ. 삶과 시간과 나로부터의 탈출

일상의 아침

일상에 지친 몸을 세워
세 겹 열쇄로 채워진 무거운 철문을 풀어 제치고
네모난 아파트 현관을 나오면
난 항상 고개를 들어
아직은 다 비켜서지 못한 어둠의 한편에서
나를 내려다보는 반짝이는 별 하나를 바라본다

내 마음같이 상처 난 구두코를 바라보며
무심히 하루를 디디면
오늘의 일과가 두통으로 시달리는 머릿속에서
스믈스믈 기어 나오고
휑하니 뚫린 도로 밖 숲 속에서는
구슬픈 목소리로 뻐꾸기 한 마리가
자욱한 아침 안개를 내게로 몰고 있다

낮은 걸음으로 다가 오는 햇살은
나의 눈을 감게 하고
살처럼 날라 오는 소음들은 아침을 들뜨게 하는데
산새의 둥지 밑을 파고 있는 공사장의 착암기 소리는
또 내 머리 속의 하루를 쪼아내고 있다

지금

아픔뿐인 세월은
꿈인 듯 지나고

침묵뿐인 세상은
그리움인 듯 지낸다

하나와 열 사이에 존재하는
기성복 같은 웃음들이
개코마냥 반짝인다

이래도 좋고
저래도 좋은 듯
시간은 그럭저럭
한 세상 살려한다

공간을 찾아서

빛 없는 골방에 가로누워
아무리 당신의 뼈를 엮어 울타리를 쳐도
지상에는 끝없이 자유의 진혼곡이 울리고
매캐한 향내가 자욱하니
너와 난 몸이라도 팔아
가슴을 두드리며 쓰러져간 영혼들이 모여 사는
그 어느 공간을 찾아
이 거리를 떠나자

피 묻은 소리가 영원이라 했고
각도 잃은 눈빛이 충절이라 했던
조그만 천국에서
머리에 철퇴가 뿜어져도
불알을 움켜쥐고 아버지를 찾던
부질없는 미련을 떨쳐 버리고
언덕너머 칠성당 기둥뿌릴 하나씩 뽑아들고
저마다 귀신되어 어둠을 밝히자

휘어 도는 불빛 따라 돌다 날이 새면
거친 파도 몰아치는 포구로 달려가
두 팔 벌려 돛을 세우고

핏줄 뽑아 뗏목 엮어
이 거리를 떠나자
태양 빛이 숨어 사는
그 어느 공간을 찾아서…

삶

無

그것은

엄청난오만

발밑에죽어가는

수많은사랑의잔해가

시절의진무름을원망하며

당신의가슴을얼마나떠났는가

有

그것은

엄청난자학

뇌속에죽어가는

수많은기억의잔해가

존재의허무함을탄식하며

당신의발밑에얼마나쌓였는가

뿌리

이
땅에
파묻힌
선조들의
전설을캐어
들녘에태우고
역겨운목마름에
연방해대는토악질
너는어디서나왔더냐
침묵하는세상이더러워
외면하는위선속의인간들
저기태평양바닷물을한술떠
나불거리는냄새라도맡았다면
애미가무엇인지새끼가무엇인지
병들은혈육의정을조금이라도알걸
물구나무선피붙이들은자꾸만자라고
지구는몸을뒤틀며그래도태양을도는데
촌구석마다엔어설픈기도원이늘어만가니
우주의빛은다시금태초를꿈꾸며타오를지라
아인간들이여그대의뼈를갈고갈아땅에뿌려라
난산된기형아를신의제단에바치고는머리숙여라
용암속에서도살아남을베옷짜는어머니의정성으로
천길바다속에묻힌태고의믿음과사랑을찾아침묵하니
잃어버린영혼을불러깊고깊은성교로뿌리를찾으리란다
헐벗은알몸으로노래하리란다내다시흙으로돌아가리라고

기다리는 삶

바람이 분다
지구가 돌고 있단다
봄이 오는 동녘엔
그리운 미소가 있단다

철길에 쇠바퀴가 구르듯
시간이 흐르면
심장이 거칠게 뛰고
커지는 동공 속에서
과거는 희미한 삶에 불어 터지고
지금은 바닷속 해조처럼
침묵으로 춤을 춘다

바람이 불고
지구는 돈다
그러면 봄이 오고
강물은 흐르고
시간은 뛰어 가며
철새는 날아간단다

천천히 걷자
무거운 짓눌림으로
부딪히는 남들의 빛바랜 시선조차
무심한 세월에 던져버리자
어차피 나는 아무 것도 없었다
또 내일이면 만날
그리운 미소가 있지 않은가…

어느 해 가을

나를 잃어버리고 지내던
결코 짧지 않은 순간이 있었다
좀 더 의미 있는 몸부림이어야 했던
그런 시절이 있었다

이상스레 그 해 가을에는
바람도 없었고
낙엽도 없었다
약속에도 없었던 무언극이 구석마다 펼쳐지고
관객들은 춤을 춘다

참으로 그 해 가을은 이상했다
사람들은 서로 말이 없었고
무중력상태의 벌레같이
바람의 틈 속으로 숨어버렸다

사람들은 두근거리는 가슴을 숨긴 채
소리 없는 발걸음으로
서로가 서로를 조심스럽게 지나쳤고
그때는 시간도 멈추었었다

그 해 가을은
나를 잃어버리고 지냈던
결코 짧지 않은 순간이었다
좀 더 의미 있는 몸부림이어야 했던
그런 시절이었다

가슴과 가슴으로 만나
너저분히 주절였던 진실의 언어들이
변해버린 내 몸속으로 다시 돌아왔을 때는
서로가 낯설은 이방인이었고
팔자에 없는 어둠 속 무언극을
또 다시 벌여야 했다

삶

두툼한 괘종시계의 바늘 위에서
성큼성큼 걸어가는 나의 하루는
망우리 무덤모양 과거의 삶으로만 치닫는 것도 아닌데
어지러운 동그라미 속을 빈틈없이 헤집고 있다

시계바늘의 달려가는 가쁜 숨소리는
멀리서 들려오는 기차소리와 장단 맞춰
모두 잠든 새벽을 걷는데

가위눌린 사람의 헛손질보다 의미 없는
지리한 일상생활은
거친 쇳덩어리로 만들어진
심장의 날카로운 박동소리에 놀라
하얗게 바래가는 밤하늘을 토막 내며
표정 없는 손짓으로 시간을 조롱하고 있다

나도
그렇다
너도
그렇다

삶은 모두 동그라미 속의 탄생이다
발목을 잡힌 채
원심력에 몸을 매달고 한없이 내달리는
쳇바퀴 속의 다람쥐처럼
동그란 굴레 속의 복제된 사랑이다

우리는

나는 나이어야 한다
나는 나로서만 족하다
가슴팍을 찢는 괴로움도
나는 나로서만 존재하지
너를 위한 가슴팍은 되지 않는다

너는 너이어야 한다
너는 너로서만 족하다
아무리 이 몸이 갈기갈기 찢어져도
너는 너로서만 존재하지
나를 위한 주검은 되지 못한다

우리는 우리이어야 한다
우리는 우리로서만 족하다
모든 것이 괴로워도 우리가 즐거우면,
모든 것이 즐거워도 우리가 괴로우면
우리는 하나
우리는 어디까지나 우리
타인이 우리의 얼굴이 되지 못하고
우리의 사랑도 되지 못하는데

거울 속에 숨어든 내 모습은
똑같은 하나요 우리지만
마주 보나 돌아서나
서로 다른 손을 흔들며 보내는 미소는
비수같이 돌아와 타인이 되어버린 가슴을 찌르고는
흐르는 눈물로 세상을 덮으니
외로움에 젖은 가슴을 부둥켜안은 채
텅 빈 거울 속으로 뛰어들며
너는 나요
우리는 하나라 외쳐본다

비행금지구역

모두들 잠들었을 깜깜한 밤에
비행금지구역으로 은빛 학을 날린다

소름끼치는 빨간 등이 꺼졌다 켜졌다
자기만의 성을 쌓으려는 듯 몸부림친다
하나, 둘, 셋, 넷
타오르는 정욕처럼 불빛이 켜진다
넷, 셋, 둘, 하나
꺼져가는 꿈과 같이 불빛이 사라진다

여기는 도시의 사각지대
변두리 빈 공간에 꽉 찬 별마저
이곳 위에는 하나도 없다

콘크리트로 첩첩이 쌓아 올린 아파트 옥상에서
서투른 솜씨로 키운 은빛 학을 날린다
끈적이는 날개 아래의 깊은 신음소리가 힘겨워
어지럽게 추락하는데
한 마리, 두 마리, 세 마리, 네 마리…
아무도 없는 하늘로 날아라

아무도 없는 하늘의 별이 되거라
급한 손길로 키운 학을 거푸 날린다

머리 없는 학, 꼬리 없는 학, 날개 없는 학
절규하는 손아귀서 던져지는 학들은
외줄기 비명도 없이
까만 아스팔트 위로 추락한다

하늘의 별이 되라하니
땅의 별이 되었구나
침묵하는 도시의 어둠 속에서 간간이 반짝이는 너의 주검들을
지나가는 헛바람에 실고서
전조등 불빛 속에 몸을 띄워보지만
썩은 강물 위에 추락하는 달빛은
너를 잊고 새벽을 기다리는데

낮이면 낮대로
밤이면 밤대로
나의 눈 속에 뛰어 드는 너의 구겨진 모습은
창문을 닫아도 뛰어 들고
커튼을 쳐도 뛰어 들고
너의 처절한 몸부림에
나는 장님이 되었다
나는 벙어리가 되었다

여로(목포-제주행 선상에서)

Ⅰ

피곤한 여행을 예고하듯이
육중한 카-훼리호는
긴 뱃고동을 울린다

거센 바다 냄새에 흩날리는
머리카락을 쓸어 모으며
잃어버렸던 옛 이야기를 생각해 내고는
자그마한 육신은 파도와 같이 일렁이며
끈끈하게 달라붙는 파란 미련을 긴 신음으로 뿌리치는
카-훼리호와 어둠 속을 달린다.

Ⅱ

어둠마저 소망스러운 이 밤에
나는 그저 달빛 젖은 바다 위를 달리면
까만 바다 위에 떠 있는 작은 꿈들이
긴 닻을 내리고
낮은 뱃고동에 시름을 달랜다

돛대 위로 애처롭게 따라오는 별 하나는
내 눈에 빛을 주어 앞길을 밝혀주고
눈물 닦는 작은 손아귀마저
님그리운 뭍을 향해 노를 젓는구나

Ⅲ

모든 것이 잠들은 이 밤에
저기 저 파도도
하얗게 부서져 흩날리는데
네가 무엇이기에
이리도 나를 애태우는가

파도가
수면과 가까운 나를 잡지 못하는데
수천리 떨어진 네가 무엇이기에
이리도 내 마음을 찢는가

공연스레 물보라가
내 얼굴을 스치며 눈물을 닦는다

Ⅳ

나는 혼자로소이다
검은 파도가 알알이 부서져
흰 알갱이가 되듯이
나는 혼자로소이다

수많은 지인과 헤어져
뒤엉킨 사랑과 헤어져
이 선상위에 서 있는 나는
분명 혼자로소이다

연이은 분노와 격정 속에서도
나는 혼자로소이다
검은 파도가 흰 알갱이가 되듯
나는 또한 순수하오이다

현대인

도시의 소음에 귀를 막고
말없이 흘러가는 무심한 강물이
시간과의 처절한 투쟁 속에 핏빛으로 물들 때
한강 공사장의 시끄러운 굉음은
수많은 불면증 환자를 만들고
괴물같이 솟아오른 교각은
뻰뻰스럽게 잿빛 나체를 번뜩인다

강변 모래알 속 기름 낀 조가비는
깊은 시름에 개거품을 내뱉고
슬픈 지상의 소음에 하늘마저 치를 떨며
검붉게 충혈되는데
핏발 선 내 눈에 떠오르는 기억들은
썩은 강물 속 물거품의
힘겨운 탈출

자유를 찾아서

당신은 창문 밖 오랑캐꽃을 보았소?
그리고
윤기 없는 당신의 피부를 보았소?
바람결에 울어대는 나무들이 역겨워
맘껏 토해 낸 위선에
당신의 얼굴을 묻어 보았소?

당신은 용서를 내미는
시간의 긴 흔들림을 보았소?
그리고
빛바랜 당신의 눈동자를 보았소?
어둠이 깔리는 저녁에 먹이를 찾는
생쥐의 눈을 보면서
찾아드는 자유를 보았소?

당신은 텅 빈 들판에 이슬 맺힌
꽃들의 냉기를 느꼈소?
그리고
발자국 마다에 짓눌린 채 세상에 던져진
온기 없는 사랑을 만져보았소?

당신은 혼자요
나도 혼자요
그래서 우리는 하나 되어
사람냄새 실고서 간간이 스며드는 바람을
하나 가득 안고서 눈물로 씻어냄이
우리를 용서하는 하나뿐인 자유일게요

도시의 하오(下午)

밤새워 도시를 짓누른 열대야에
길게 늘어진 아스팔트의 뜨거운 체온과
가로수의 거친 숨소리로
선잠을 깬 아침 이슬이
해를 피해 저만치 숲 속으로 숨어들고

피곤하게 찍어대는 나의 작은 발자욱은
타인의 이정표이려니
서럽도록 슬픈 웃음을
하얀 이빨 새로 거침없이 토해내며
나는 텅 빈 광장을 달리는데

두 눈에 맺힌 눈물방울에
일렁이는 너의 사랑도 한줌 허상이려니
꼭 감은 눈동자에 떠오르는
어릴 적 사랑놀이

한여름의 뜨거운 태양은 싫지 않은 기억을 녹여 내어
또 다른 그의 조각을
내 몸에 쑤셔 넣고 있다

망각을 기억하오

한번쯤 내가 누구냐고 물어나 보고
푸석이며 부서지는 한줌 모래가 있을 뿐인 어느 변두리
텅 빈 백사장으로 나를 몰고 가시오
채 아물지 않은 내 상처를 헤집어
말도 없이 고통만 남기는 뜨거운 해풍에 가슴을 절이고
미이라가 되어버린 그 옛날 기억들을
들녘에 널어놓고는 넋 놓아 울면서
나는 당신을 한번도 생각하지 않았고
당신도 나를 소리 내어 불러본적 없으니
서로를 잊었다는 것조차 모른 채
막연한 그리움으로 한 시절 같이 살아왔지만

당신의 추억은 한번도 뒤돌아보지 않은 채
주인 없는 발자국만 가득한 모래밭에
우리가 함께 한 시간만을 허물처럼 벗어놓고
밀려오는 하얀 물거품 속으로 사라지니
나는 잊혀져간 너를 찾으려
달려오는 파도를 온 몸으로 안는데
흐르는 눈물조차 파도를 따라 나서
하얀 물거품으로 사라지며 가슴을 비워내네

노송(老松)

쉴 새 없이 쏟아지는 태양 빛에
온종일 흐르던 땀방울마저 말라
짠 물이 눈을 아리던 시절

하늘을 향한 끝없는 바램에
터질 듯 한 가슴은
하얀 구름으로 날 것 만 같아
아래로 내리뻗은 굵은 힘줄은
거친 대지를 움켜쥐고 충혈 되어 간다

이제 못한 일들일랑
다시 올 내일의 바램이려니
검게 그을린 얼굴에 미소 띤 오늘

노송은
흘러가는 바람결에
성성한 백발을 날리며
거친 손을 흔든다

하늘

도와주겠니?
파란 마음 갖는게 꿈이란다
이른 아침 창가에 앉아
투명한 유리로 너를 바라볼 때면
영롱한 이슬이 너의 꿈을 닮아
수줍은 햇살에 비취옥이 되더구나

나를 도와주렴
파란 마음 주는 게 꿈이란다
창틈으로 새어 온 가녀린 눈빛으로
넓은 내방을 가득 채울 수는 있지만
벗이 많은 나에게는
유난히도 모자라더구나

한 조각 떼어주렴
파란마음 갖는 게 꿈이란다
곧 올 겨울이면
창밖 실낱같은 겨울눈이 파랗게 보이도록
너의 비늘 떨어내어
조그만 나의 창이 되어주렴

강가에 서면

저녁 노을도 비껴가는 잿빛 하늘아래
나 홀로 외로워 강가에 서면
때늦은 나룻배만 서성거렸다

이른 아침에는
눈부신 햇살이 흘러 내렸고
방울진 이슬이 촉촉이 나래를 폈지만
간간이 반짝이는 강물 속엔
잠들지 못한 수많은 별들이
강바람에 흔들리며 침몰하고 있었다

달빛아래 나 홀로 그리워
강가에 서면
구부러진 강줄기에 너의 모습 보였더니
천년 세월이 흘러서 내일을 이루어도
달빛에 물든 나의 속삭임은
말없이 흘러만 간다

세월

저마다의 사연을 가득 실은 바람이
거칠게 불어대고
소란스런 세월의 발자국 소리가
어지럽게 들려도
그곳엔
자욱한 먼지가 말없이 있었습니다

잉태의 계절에 한 알의 씨앗이 떨어져도
아무런 대답도 없었고
아침을 재촉하는 닭울음소리에도
그저 앞서거니 뒤서거니
해와 달도 내 주위를 서성입니다

지친 세월들이 떠난 자리에는
한줌의 흙이 더해지며 흔적을 지우지만
내가 누운 시간들은 부는 바람을 가만히 안을 뿐
태어나는 새 생명의 찢어지는 외침에도
아무런 대답 없이
눈을 감아 세상을 담아냅니다

대보름 날

고향집 뒷동산 머리 위의 까만 어둠 속에
하리한 불빛 하나 덩그러니 떠 있네
대보름날
어릴 적 보았던
형님의 머리 위로 불울음 소리를 내며
빙빙 돌아가는 쥐불과도 같았다
부러움에 꼭 잡아 쥐고픈 어린 마음은
형님의 도리질로 사라졌었지

마른 풀잎 주워다 불을 지피곤
하얀 연기에 눈물을 글썽였던 어린 시절의 기억들은
동네 어귀의 이끼 낀 돌탑으로
한 아름 쌓여 있네

시골길 뒤로 하고 서울 가던 형님의 눈물이
두개의 등이 되어 반짝였었지
아쉽던 시절의 옛이야기가 등불 속에 가득 차
한올한올 흘러나올 때
나는 다시금
형님의 돌아가는 쥐불을 생각하겠지

밤

홀로 몸부림치는 밤
어둠이 익어가는 소리에
귀를 기울여 본다

저 멀리서 누군가가
퍼덕이는 심장을 안고
달려 올 것만 같은 밤

까만 밤의 정적 속에
아련히 들려오는 다듬이 방망이 소리가
창문을 열고 미어지는 가슴을 두드리면
어디선가 들려오는 옛이야기
이제는 알 것만 같다

가을의 노래

I

아직도 익지 않은 열매를 바라보며
농부는
지난 날 파종을 생각한다

밀밭 속 부드러운 향연에
흩어진 한 알의 곡식을 주우며
끝없이 펼쳐진 감빛 노을을 바라보면
몽을 몽을 피어난 포근한 결실로
다가올 어둠을 가두어 버릴 초저녁 종소리가
빈 하늘에 울려 퍼지는데

언덕 위 푸른 하늘로
너의 가슴에 뛰어 노는 풍년의 꽃씨들이
이 저녁 만종에 흩날리기만 한다면
나는 가리라
끝없이 거치른 황무지로 가리라

Ⅱ

저기 농부를 초대하는 들판의 향연이 있어
검게 탄 얼굴에 미소 띤 오늘
입안에 가득 한 웃음과
흥겨운 콧노래로 오늘을 심으리라
다가올 추운 겨울을 위해 한줌한줌 북돋는 날
저 멀리서 빛은 발하리니
생명을 가득 실은 봄은 달려오리라

들판의 노송이여
어두운 너의 그림자를 거두어 가거라
풍년의 씨앗이 꽃을 발하리라
소리 없이 펼쳐지는 오곡이 익는 소리 들려오리니
농부야 춤을 추어라
거룩한 새벽이 다가오리라

여름 하늘

쪽배 떠가듯 흐르는 한조각 구름뿐
아무도 없는 빈 하늘
유월의 녹음에서 배어 난 풋풋한 공기는
소음 속의 도시를 차단하고
강바람에 흔들리는 호수의 잔잔한 숨결이
현실의 미련들을 추적하면
나른한 몸을 오수(午睡)에 누인다

가난한 마음마저 그림자처럼 작아지는
외로운 여름날
첩첩이 에워진 산정의 어깨위로
알뜰한 한 줄기 빛바랜 하늘에
나의 꿈을 띄우고
그리움의 한나절을 떠가는 구름위에 잠재운다

허공을 흐르는 나의 꿈은
오늘도 영원히 떠간다
그리고 나의 품속에서 곤한 숨을 쉬며
그 옛날 기억들을 무거운 눈커풀 아래
솔솔 풀어 놓는다

무인도

외딴 섬으로 등대불빛은 밝게만 비치는데
한줄기 쬔 적 없는 작은 섬 하나
검푸른 파도가 넘실대고
지친 듯 희게 바래 스러져 가는 곳

파도가 쉬어가고 갈매기가 날아 노는
한 떨기 온정 없는 흙 한줌
외롭다 손짓하니 수평선 저 멀리 뭉게구름이
백조가 날개 접듯 사로시 다가오네

일곱색 햇살이 조용히 내릴 때에
폭풍은 잠자고 훈풍이 맴돌아
해맑은 소라의 꿈을 갈매기로 보낸 곳

바람이 씻어주고 구름이 쉬어가는
무한한 푸름 위의 흙 한줌
저 멀리 넘실대는 망각의 수평선은
진정 내 꿈의 종말은 아니어라

계단

좁다란 내 가슴 속에
기대어 서 있는 계단 하나 있네
총총총 내려가면 그 끝이 어디인지
그 누가 숨어 있는지
알 수나 있을까?

텅 빈 내 가슴 속에
가지런히 놓인 계단 하나 있네
무릎 짚어 꾹꾹 한없이 올라가면
그 누가 나를 찾아 왔는지
볼 수나 있을까?

나를 찾아 기다리는 이 없는데
세월 따라 길어지는 계단은
내 마음 속의 장벽이 되어
아무도 보지 않고
아무 것도 듣지 않으며
끝없는 분열을 계속하네

늦가을에

깨어있는 밤에도 변해가는 가을의 모습에
흔들이는 내 마음은
뒷골목에 처박힌 돌멩이 같이
그냥 의미 없이 무겁기만 하다

이 세상에 홀로 선 사람들이
세월의 소용돌이에 내몰리며 한가운데 모여 서서
서로의 의미도 모른 채 어깨를 부딪치며
나와 같이 사는 것이
짙은 나이테 모양 아픔으로만 남아서는
어제는 뭘 했고
오늘은 뭘 하고 있는지,
내일은 뭘 해야 하는지 알 수가 없네

하루 하루 불면에서 깨어나 펼쳐지는 일상의 되새김은
나를 다시 과거로 밀어 넣는데
새벽에 부는 찬바람은 서성이는 겨울을 불러
어둠 속에서 방황하는 하루의 기억들을
가슴에 품어주고
모든 것을 흰 눈으로 덮어주네

지은이는

1960년 2월 서울에서 태어남
배명고등학교시절 문학회 동아리 "토삿길" 동인회 회장역임
연세대 원주의과대학 재학시 대학신문 "연세춘추사" 기자, 문학회 동아리 "세원문학회" 회장역임
1985년 연세대학교 원주의과대학교 졸업
1989년 내과 전문의 취득
1989년-1992년 육군군의관 복무
연세대 의과대학생 문학회 동아리 "세원문학회" 지도교수 역임
1998년 고려대학교에서 의학박사학위 취득
1992년부터 현재까지 연세대학교 원주의과대학, 원주기독병원 신장내과 교수로 재직
e-mail: kidney77@yonsei.ac.kr

씨 없는 언어들

저 자 최승옥
발 행 연세대학교 출판부
주 소 서울특별시 서대문구 성산로 262
전 화 02)2123-3380~2
팩 스 02)2123-8673
http://www.yonsei.ac.kr/press
e-mail ysup@yonsei.ac.kr
등 록 1955년 10월 13일 제9-60호
인 쇄 (주)네오프린텍

2009년 3월 20일 1판 1쇄
2009년 5월 12일 1판 2쇄
ISBN 978-89-7141-874-1 (03810)

정가 8,000원